27
Ln. 1594.

27
Ln. 15194.

NOTICE

SUR

M. HENRI NICOLLE,

DIRECTEUR DU COLLÉGE DE SAINTE-BARBE,

DÉCÉDÉ LE 8 AVRIL 1829.

Nous réunissons ici en quelques pages plusieurs morceaux relatifs à la mort de l'excellent homme dont l'Université royale, l'Académie de Paris, et en particulier le collége de Sainte-Barbe, déplorent en ce moment la mort prématurée.

Nous ne croyons pas pouvoir mieux honorer sa mémoire qu'en transcrivant les regrets de l'amitié, exprimés avec la franchise des premières douleurs. On ne trouvera rien d'étudié dans ce que l'on va lire; c'est le cœur qui parle, c'est le cœur qui saura sentir et comprendre.

Le premier morceau est le discours prononcé sur la tombe même de M. Henri Nicolle, par M. Defauconpret, préfet des études, et aujourd'hui son digne successeur dans la place de directeur du collége de Sainte-Barbe.

Le second morceau est l'oraison funèbre du

défunt, prononcée par M. l'abbé Faudet, premier aumônier, le 15 avril, jour du service solennel, célébré dans la chapelle du collége de Sainte-Barbe.

Nous avons cru devoir faire précéder ces deux discours, écrits l'un et l'autre avec une noble et pathétique simplicité, d'un article destiné à entrer dans *le supplément de la Biographie universelle classique* dont M. Charles Gosselin est éditeur. Cet article est d'un des plus anciens amis de M. Henri Nicolle, d'un de ceux qui ont été le plus à même d'apprécier tout ce qu'il y avait de tendre et de bienveillant dans son caractère généreux.

Nous terminons par la réimpression d'articles extraits *du Journal des Débats*, de *l'Universel*, de *l'Écho de Lyon*. On ne lira pas sans émotion les témoignages unanimes de l'estime et de l'affection dont M. Nicolle a été constamment l'objet pendant sa vie, et qui lui survivront long-temps au-delà du tombeau.

EXTRAIT DE LA BIOGRAPHIE UNIVERSELLE CLASSIQUE.

Nicolle (Gabriel-Henri), homme de lettres, libraire, et ensuite directeur du collége de Sainte-Barbe, naquit à Fresquienne, village du pays de Caux, le 23 mars 1767, de parens cultivateurs, mais jouissant de cette aisance qui, dans cette riche contrée, est le partage des fermiers propriétaires. Cette position mit à même le père de M. Nicolle de donner à son jeune fils une éducation soignée. Il fut envoyé à Paris au collége de Sainte-Barbe, où il avait été précédé par un frère aîné qui était alors un des premiers élèves de cette maison, et qui depuis, sous le nom de M. l'abbé Nicolle, a rendu de grands services à l'instruction publique, et a acquis dans cette carrière honorable une si juste célébrité. L'abbé Nicolle (Charles), plus âgé de huit ans que son frère, fut son guide dans ses études, et lui servit de second père, titre qu'il justifia constamment depuis l'enfance de M. Nicolle jusqu'à l'époque fatale où il eut la douleur de lui survivre. M. Henri Nicolle se destinait, comme son frère, à l'éducation de la jeunesse, lorsque la révolution, en détruisant tous les établissemens universitaires, renversa en même temps les projets des deux frères. L'aîné, obligé, en qualité de prêtre, de quitter sa patrie, alla chercher en Russie des moyens de se rendre utile, et il a laissé dans cet empire, à Pétersbourg et à Odessa, des souvenirs précieux et des monumens durables de son zèle et de ses lumières. Le cadet, resté à Paris, s'associa avec quelques amis et camarades de collége, pour lutter, la plume à la main, contre les excès et contre les oppresseurs sous l'autorité desquels gémissait alors la France.

Dans sa préface de l'*Histoire de la Révolution*, M. Lacretelle cite avec honneur le nom de M. Nicolle à côté de celui de MM. Bertin, Dussault, Fiévée, tous défenseurs énergiques d'une sage monarchie, d'une religion pure et éclairée, et d'une liberté assise sur la base des lois. Plusieurs journaux sortirent de cette courageuse coalition, tous rédigés dans les mêmes principes, et dans un but que les auteurs prenaient à peine le soin de dissimuler, celui de la restauration de la monarchie légitime. Des persécutions devaient atteindre ces intrépides écrivains; aussi, aux époques les plus désastreuses de la révolution, au 10 août, au 21 janvier, aux jours qui précédèrent le 9 thermidor, au 13 vendémiaire, M. Nicolle et ceux qu'on appelait ses complices furent-ils enveloppés dans une semblable proscription. Plus d'une fois, les portes des prisons se refermèrent sur eux, et des condamnations de mort ou d'exil furent prononcées. Des lois d'amnistie les sauvèrent, et M. Nicolle entre autres eut l'adresse ou le bonheur de ne payer son dévouement que de la perte de sa liberté. Affranchi de ses liens, M. Nicolle dirigea ses vues vers le commerce de la librairie; et, fidèle aux goûts de sa première jeunesse, il conçut le projet de faire tourner au profit de l'instruction publique les entreprises commerciales auxquelles il se livrait.

La confiance et la facilité de M. Nicolle étaient extrêmes, il devait être victime de ses excellentes qualités; il le fut. Dès cette époque, il songea à se retirer des affaires, pour reprendre avec la dignité qui convenait à son âge, la profession à laquelle sa jeunesse avait été, dès l'origine, destinée. Il existait à Paris une Institution formée par d'anciens élèves de Sainte-Barbe, qui avait d'abord été assez florissante, mais qui se trouvait déchue de son premier état; M. Nicolle supposa (et sa prévoyance ne l'a pas trompé) que le nom seul de l'établissement, appuyé de son zèle et de la collaboration de quelques vieux camarades, suffirait pour lui rendre son antique splendeur.

Au bruit de la restauration d'une maison qui lui était toujours chère, M. l'abbé Nicolle accourut du fond de la Russie méridionale, et se joignit à son frère ; de cette double coopération, est sortie une maison qui en peu d'années a conquis l'estime de l'université et la confiance de quatre cents familles. M. Nicolle, heureux dans son intérieur, pouvait se promettre un long et brillant avenir. Doué d'une forte constitution, rien ne paraissait lui présager une fin prochaine, lorsque, dans les derniers mois de 1828, il fut attaqué d'un catarrhe, annoncé d'abord par des symptômes inquiétans, qui parurent céder à quelques précautions sanitaires. Cependant des rechutes violentes se succédèrent avec une rapidité qui inspira des alarmes sérieuses à sa famille et à ses amis. Enfin une dernière crise s'étant déclarée, dans la nuit du 2 au 3 avril, il succomba le 8 du même mois.

Les journaux de Paris ont raconté le deuil et la consternation que cette mort prématurée répandit parmi les maîtres et les élèves du collège. Tous, par un mouvement spontané, voulurent porter, jusqu'à sa dernière demeure, le corps d'un chef qu'ils adoraient. Une souscription fut ouverte à l'instant pour consacrer à la mémoire de M. H. Nicolle un monument de tendresse filiale, et d'autres marques de souvenirs offerts à sa veuve et à ses enfans attestent la vénération et l'amour dont furent pénétrés ceux qui ont connu l'un des hommes les meilleurs, les plus bienveillans qui aient jamais paru sur la terre. M. Nicolle n'avait point d'ennemis.

Bien qu'il se soit constamment occupé de littérature, M. Nicolle n'a laissé aucun ouvrage de sa composition. Comme libraire-éditeur il a donné une immense collection de livres classiques, connus sous le nom d'*éditions stéréotypes*, et remarquables alors par leur extrême correction. Il conçut le premier le plan de la *Bibliothèque latine*, ou réimpression des Commentaires allemands sur les *auteurs classiques latins*, entreprise à laquelle il dut renoncer, après en avoir publié quelques volumes, pour éviter une concurrence fâcheuse. Les *Dictionnaires français-latin* et *latin-français* de M. Noël; le *Dictionnaire grec-français* de M. Planche, etc., devenus ensuite la propriété de M. Lenormant, furent imprimés sous sa direction, pour la première fois, en 1807.

EXTRAIT

DU JOURNAL DES DÉBATS

DU 11 AVRIL 1829.

Les obsèques de M. Henri Nicolle, directeur du collége de Sainte-Barbe, ont eu lieu aujourd'hui, dans l'église de Saint-Étienne-du-Mont, sa paroisse. Il en est bien peu qui aient été plus remarquables par le concours des amis qui s'étaient fait un devoir d'y assister, et par la douleur profonde dont tous les fonctionnaires, dont tous les élèves, sans exception, étaient pénétrés. Ces jeunes gens avaient d'abord exprimé le dessein de porter à bras le corps d'un chef qu'ils adoraient; ils n'ont pas tardé à céder aux observations qui leur ont été adressées à ce sujet, et le directeur des pompes funèbres s'est empressé de solliciter en leur nom l'autorisation spéciale dont ils avaient besoin. M. le préfet de police n'a pas cru devoir s'opposer à une démarche innocente, inspirée par une sorte de piété filiale, et le vœu des élèves a été réalisé dans le cours du long trajet qui sépare l'église du cimetière du Mont-Parnasse. Un seul discours a été prononcé sur la tombe de l'excellent homme dont la terre allait recouvrir les restes. D'autres discours avaient été préparés; mais l'émotion des orateurs ne leur a pas permis de les faire entendre. M. Defauconpret, préfet des études de Sainte-Barbe, avait cru avoir plus de courage ; mais, en achevant ses dernières paroles, il s'est évanoui. Que pourrions-nous ajouter à un pareil éloge ?

Elève de l'ancienne maison de Sainte-Barbe, ce fut M. Henri Nicolle qui, de concert avec plusieurs de ses anciens camarades d'études, imagina, il y a quelques années, de rétablir sur ses anciennes bases, mais avec le système d'amélioration nécessité par les besoins de l'époque une maison dont le nom seul imposait au chef de grandes obligations, et fournissait aux élèves les plus puissans motifs d'émulation. Les efforts de M. Henri Nicolle, secondés par la longue expérience et par les lumières de M. l'abbé Nicolle, son frère aîné, furent heureux, et les espérances que l'on avait fondées sur cet établissement furent bientot surpassées. M. le préfet et MM. les membres du conseil-général du département de la Seine apprécièrent l'utilité du nouveau collége, et en acquirent la propriété à la ville de Paris. De vastes bâtimens ajoutés aux anciens suffisaient à peine à l'empressement des parens, attirés par la réputation toujours croissante de la maison de Sainte-Barbe, réputation que les concours généraux prenaient soin chaque année de renouveler et d'agrandir.

Il n'a pas été donné à M. Nicolle de jouir plus long-temps du succès de son ouvrage. A peine âgé de soixante-deux ans, il a été enlevé à l'estime de S. Ex. le ministre de l'instruction publique, à la confiance de quatre cents familles, à l'amitié de ses savans et laborieux collaborateurs, à la tendresse de ses élèves qu'il regardait comme ses enfans, et pour lesquels il éprouvait tous les sentimens de l'affection paternelle. Une épouse et trois filles lui survivent, auxquelles il ne laisse pour héritage que le souvenir des services qu'il a rendus à l'enseignement public, du dévouement qu'au péril de sa vie, et sans regretter la perte de sa liberté et d'une grande partie de sa fortune, il professa constamment pour la famille de nos rois.

Voici le discours prononcé par M. Defauconpret sur la tombe de M. Henri Nicolle.

Avant que la tombe nous sépare à jamais de toi, c'est pour nous un besoin, ô notre père à tous, de te dire un dernier adieu. Maîtres et élèves, nous sommes navrés de la même douleur; ah! c'est que, tous, nous te portions le même amour. Et comment ne t'aurions-nous pas aimé? Depuis près de dix ans que tu es à la tête du collége de Sainte-Barbe, qui te doit son existence et sa prospérité, quel est celui d'entre nous qui n'a pas éprouvé à chaque instant les effets de cette vive sollicitude? Répartie également entre tous, elle était si active et si constante, que chacun eût pu croire en être seul l'objet! Aussi quel vide affreux se fait déjà sentir autour de nous, et combien tu manques à tous ceux qui t'ont connu! Quelle douleur que celle de ta veuve et de tes enfans, de ton frère bien-aimé, qui, pendant ta longue et déchirante agonie, puisant des forces surnaturelles dans l'ardeur de sa tendresse et dans les consolations de la religion, n'a cessé de te prodiguer les soins les plus touchans! Quelle douleur que celle de ces jeunes élèves, qu'on prendrait pour autant d'orphelins, et qui se pressent autour de ta tombe, comme aux jours où tu paraissais au milieu d'eux ils aimaient à se presser autour de toi!

Pleurez, mes amis, pleurez; car, quelque vifs que soient vos regrets, vous ne sentez pas encore tout ce que vous avez perdu. Vous ne sauriez vous figurer tout ce que son cœur, si bon, si aimant, renfermait pour vous de bienveillance et d'amour. Avec quelle tendre anxiété, même lorsque ses souffrances étaient le plus aiguës, il les surmontait un moment pour parler de vous, pour s'informer de vos succès, pour vous recommander à vos maîtres!

O le plus aimé des pères, toi dont toute la vie ne fut qu'une étude continuelle de ce qui pouvait contribuer au bonheur de ceux qui t'entouraient, tu leur conserveras ce tendre attachement. La mort n'a pas rompu tous les liens qui t'unissaient à nous; du séjour bienheureux que viennent de t'ouvrir une vie si bien remplie et une mort si chrétienne, tu veilleras toujours sur la nombreuse famille que tu laisses désolée; et, pendant que nous te pleurons sur la terre, tu pries déjà pour nous dans le ciel.

ORAISON FUNÈBRE

PRONONCÉE PAR M. L'ABBÉ FAUDET,

PREMIER AUMONIER DU COLLÉGE, AU SERVICE FUNÈBRE

DU 15 AVRIL 1829,

DANS LA CHAPELLE DU COLLÉGE DE S^{TE}.-BARBE.

Au milieu de notre trop juste douleur, Messieurs, j'éprouve encore quelque douceur à vous parler de celui dont nous regrettons si vivement la perte. Après qu'on a prié pour les morts, la consolation qui reste à ceux qui survivent est de s'entretenir de leurs qualités, de se rappeler leurs actions, leurs paroles, les soins qu'ils en ont reçus, et surtout les larmes qu'ils ont répandues sur leur tombeau.

C'est toujours avec saisissement que je considère cette place vide : et celui qui l'occupera ne pourra la remplir sans doute lui-même qu'en gémissant.

Il nous faudra du temps, Messieurs, pour avoir la certitude que nous ne reverrons plus celui que nous avons perdu. Notre imagination étonnée, notre amour trompé, notre cœur affligé, nous jettent encore quelquefois dans l'illusion. On croit qu'il vit encore, qu'il s'occupe de nous, qu'on le rencontrerait dans quelque endroit de cette maison ; mais la réflexion inexorable dissipe cette illusion, et nous force d'arrêter nos regards sur une figure inanimée, sur un cercueil, sur une tombe.

Et comment douterions-nous de notre perte, lorsque nous nous trouvons réunis ici afin de prier, non pour sa santé, sa guérison ? hélas ! ce lugubre appareil et le serrement de notre cœur nous disent que c'est afin de prier pour le repos de son âme, qui est allée à Dieu.

Cette âme aura présenté au souverain Juge, parmi beaucoup de vertus, une qualité que Dieu aime à récompenser, c'est la bonté. Heureux ceux qui sont doux, a dit Notre Seigneur Jésus-Christ : *Beati mites*. La bonté est une perfection que Dieu se plaît à manifester : elle brille dans tous ses ouvrages : elle est la cause principale des mystères de la religion ; nous lui devons la religion elle-même fondée sur la rédemption, que je puis bien appeler l'excès de la bonté céleste.

Beati mites. Cette bonté, cette douceur, cette bienveillance, ce touchant intérêt au bonheur des autres, lui auront donné un accès favorable auprès du trône de Dieu : la bonté céleste l'aura jugé : *Beati mites !*

Il aura présenté à Dieu une foi qu'il avait eu le bonheur de ne jamais perdre, qu'il avait conservée depuis son enfance, et qu'il désirait si vivement de voir triompher dans la société, et de voir régner dans vos cœurs, Messieurs, sachant combien elle est appuyée sur de solides fondemens, combien elle est nécessaire pour la pratique de la vertu ; et sans doute il en avait senti lui-même les précieux avantages pendant une vie si agitée et troublée par tant de persécutions et de traverses. Il avait bien besoin de ses consolations. Cette foi lui aura fait un mérite d'autant plus grand qu'il est plus rare de la trouver, et que beaucoup d'hommes qui l'ont eue dans leur enfance l'ont ensuite laissée s'éteindre. Cette foi aura couvert les fautes qu'elle n'empêche pas toujours, mais sur lesquelles elle fait gémir du moins, comme le chante l'église : *Domine, licet peccaverit, tamen non te negavit*.

Dieu lui a tenu compte de son zèle à remplir les devoirs de sa place, dont il ne sentait que trop la responsabilité. Il savait qu'il devait vous tenir lieu de vos parens ; qu'il devait en exercer l'autorité, en partager la sollicitude. Et que dis-je, Messieurs ! la plupart même des soucis de vos familles avaient trouvé place dans son âme, comme s'ils eussent été les siens.

Vous avez rendu justice, justice publique à sa fidélité à remplir cette partie de ses devoirs ; l'affection ne se trompe point ; vous l'avez pleuré : il méritait vos larmes ; vous le regretterez toujours, et comme on vous l'a dit sur sa tombe, vous ne connaissez pas encore toute l'étendue de votre perte.

Vous avez donné une forte leçon à ce grand nombre d'hommes qui pensaient qu'aucun lien n'unit jamais les maîtres et les disciples ; et que, même aux yeux des disciples, ce titre seul de maître est un tort. Ah ! en vous voyant suivre en deuil le convoi funèbre, en voyant ce zèle filial avec lequel plusieurs d'entre vous portaient sur leurs épaules un précieux fardeau, on se sera demandé quel avait donc été cet homme qui excitait de si vifs regrets, et on aura appris que vous rendiez les derniers devoirs non pas seulement à un maître respecté, mais encore à votre père adoptif.

Ah ! depuis que vous l'avez perdu, vous avez souvent rappelé à votre mémoire ce qu'il avait fait pour vous. Vous vous êtes souvenus de toutes les occasions où il avait été content de vous, où il vous a donné quelques marques de sa tendre satisfaction, et ce souvenir vous touche, et vous êtes heureux d'avoir procuré quelques douces émotions à l'homme sensible qui punissait à regret, qui récompensait avec joie.

Oh ! comme elles vous paraissent graves maintenant ces fautes qui éveillaient sa tristesse et ses inquiétudes ! comme vous voudriez à présent ne lui avoir jamais donné aucun sujet de peine ! Tirons de là une instruction utile, et faisons en sorte de nous éviter par la suite de pareils regrets.

Son souvenir, Messieurs, vous suivra partout comme celui d'un père, et vous vous conduirez comme si vous l'aviez près de vous. J'ai vu plusieurs d'entre vous mortifiés de lui avoir fait quelque peine : donnez le même sentiment à sa mémoire, et que son image chérie et respectée vous fasse toujours faire le bien.

Attachez-vous avec fermeté à une foi qu'il regardait comme un précieux héritage de famille, et qu'il voulait vous transmettre comme à ses enfans. La foi est facile, Messieurs, lorsqu'on est dans la douleur : on a trop besoin de ses consolations pour écouter les objections qu'on a pu faire contre elle : on suit le mouvement naturel de son cœur ; et le sentiment pourrait-il ici nous tromper ? l'immortalité de l'âme va vous être un dogme précieux. Pourrions-nous croire qu'il n'existe pas dans un monde meilleur, celui qu'on aimait sur cette terre où il fit du bien à tant de personnes ? Non, au moment où il luttait contre la mort, seul ; sans qu'on pût lui porter aucun secours humain, perdu, même avant le coup fatal, pour ceux qui l'entouraient, il était déjà en communication avec vous, mon Dieu : vous assistiez, invisible, à son dernier combat : son ange gardien attendait son âme pour la présenter à votre tribunal, et y plaider sa cause : et cette dignité que la mort donne à un corps privé de vie, cette vénération générale, attestent encore que son corps lui-même a reçu une nouvelle consécration, et qu'un jour vous lui rendrez sa forme première.

Vous visiterez, Messieurs, le lieu où son corps repose, et vous ne manquerez pas d'y faire de bonnes réflexions. Vous irez déposer sur son tombeau les couronnes, prix de vos succès, pensant avec raison combien il était sensible à tout ce qui vous arrivait de bien. Vous parlerez souvent de lui, et ces entretiens vous causeront, il est vrai, quelque tristesse, mais ils vous seront utiles : vous croirez le voir et l'entendre, et vous en serez meilleurs ; et le nom de M. Nicolle sera ici un gage de vertu.

Pour nous, fonctionnaires de la maison, qu'il a rendus si heureux, nous déplorons peut-être autant sa perte que ce frère tendrement aimé, dont l'âme sensible, généreuse et élevée a été si cruellement affligée dans cette triste circonstance. La douleur si légitime de sa famille a été la nôtre ; et nous aussi nous le regardions comme un père. Rapports de bienveillance, tendre attachement, soins de notre avenir, société agréable, touchant intérêt, noble amitié, nous trouvions tout en lui.

Maintenant que nous voulons continuer son œuvre, nous nous associons plus que jamais, Messieurs, à tous les sentimens qu'il avait pour vous. Nous trouvons, sans doute, dans notre conscience et dans notre affection pour vous le premier motif des soins que nous vous devons ; mais nous serons encouragés encore dans ces soins, que nous vous donnerons, en pensant que vous avez été les enfans de M. Nicolle.

EXTRAIT DE L'UNIVERSEL,

JOURNAL LITTÉRAIRE.

Vendredi 10 avril ont eu lieu les obsèques de M. Henri Nicolle. On voyait à la suite du convoi des vieillards et des jeunes gens; l'ancienne et la nouvelle Sainte-Barbe venaient pleurer ensemble, l'une son élève, l'autre son père, et deux générations confondaient leurs gémissemens autour du tombeau. Si les larmes des vivans sont le plus bel éloge des morts, jamais personne ne fut plus dignement loué que M. Nicolle. Au moment où il a fallu lui dire un dernier adieu, M. Defauconpret a prononcé quelques phrases entrecoupées de sanglots : il pleurait plutôt qu'il ne parlait sur la tombe de celui qui fut son ami, et tout le monde pleurait avec lui. Je n'essaierai point de louer M. Nicolle, son éloge est dans le cœur de tous ceux qui l'ont connu. Ses amis, ses élèves n'oublieront jamais cette aimable bienveillance, cet intérêt touchant dont il leur donna tant de preuves ; cette bonhomie si douce, si spirituelle, et toutes ces grâces de l'homme du monde qui ne l'avaient point abandonné dans ses nouvelles fonctions.

Puissent ces tristes lignes écrites par l'un de ceux qu'il aima pendant sa vie, parvenir sous les yeux de son frère désolé et de sa malheureuse famille! Puisse cet hommage rendu à la mémoire de celui qu'ils pleurent adoucir l'amertume de leurs regrets!

EXTRAIT DE L'ÉCHO DU JOUR,

JOURNAL POLITIQUE ET LITTÉRAIRE DE LYON.

La perte de M. Henri Nicolle, fondateur et directeur du collége de Sainte-Barbe, dont nous avons annoncé la mort il y a quelques jours, a été vivement sentie. Rien ne fut plus touchant que la cérémonie de ses funérailles, où l'on vit que ce n'est point par des scènes de scandale qu'on honore la mémoire de l'homme de bien, mais par des larmes. Ses élèves obtinrent la permission de porter son cercueil, mais cette permission fut demandée et attendue avec soumission, et non exigée par des menaces et des vociférations ; une partie du trajet s'est même effectuée avant que le directeur des pompes funèbres eût obtenu de M. le préfet de police la permission sollicitée, sans qu'un seul murmure se soit fait entendre, et sans que l'ordre le plus parfait ait éprouvé la moindre interruption. Plusieurs discours avaient été préparés par les professeurs de l'établissement, mais le courage a manqué aux orateurs au moment de les prononcer; M. Defauconpret, préfet des études, s'abusant sur ses forces, voulut payer son tribut à l'objet d'une scène si touchante, mais il ne put achever son discours.

SOUSCRIPTION

POUR UN MONUMENT A ÉLEVER A LA MÉMOIRE

DE M. HENRI NICOLLE.

(EXTRAIT DU JOURNAL DES DÉBATS DU 16 AVRIL.)

En annonçant à nos lecteurs, il y a quelques jours, la mort de M. Henri Nicolle, fondateur et directeur du collége de Sainte-Barbe, nous avons donné quelques détails sur la touchante cérémonie de ses funérailles, sur la douleur profonde de ses amis et de ses élèves, et sur les témoignages d'affection filiale dont ceux-ci en particulier ont honoré ses restes. Aujourd'hui, nous apprenons qu'une souscription vient de s'ouvrir au collége, du consentement unanime des élèves et des maîtres, dans le dessein d'élever un monument à la mémoire de cet homme qui compte pour amis ou pour obligés tous ceux qui le connurent. On a proposé d'appeler à concourir à cette souscription les amis de M. Nicolle, ses anciens élèves, et tous les parens qui ont pu apprécier, dans leurs rapports avec lui, combien sa bonté pour leurs enfans était paternelle, et la direction donnée à leurs études éclairée et bienveillante. Nous nous empressons de donner de la publicité à cette bonne et honorable idée, et nous qui avons connu cet excellent homme, nous faisons, pour notre part, un appel à la reconnaissance et à l'amitié de tous ceux qui lui tenaient par quelque lien, pour que le monument qui couvrira ses restes soit digne de la touchante popularité de son nom. Ce matin, au sortir d'un service funèbre célébré en son honneur dans la chapelle du collége, une liste de souscripteurs a été dressée chez M. le procureur-gérant, et a été couverte à l'instant d'un grand nombre de signatures. Les souscriptions continueront à être reçues à l'administration du collége, rue des postes, n° 34.

IMPRIMERIE DE LACHEVARDIERE,
RUE DU COLOMBIER, N° 30, A PARIS.